Melodilösa sånger - en diktsamling

av

Gun-Christine Ström

1970 - 1975

En sol

En sol värmer på vår jord.
Den solen gör mjuka, vänliga ord.
Den värmer dig och mig.
När slocknar den, säg?

När grymheten tar överbord.
Då försvinner kärleken på vår jord.
Då försvinner den solen som lyser här.
Och aldrig mera blir nån kär.

Men ännu finns stänk av hoppet kvar.
Att föda nya, soliga dar.
Tänk om du och jag,
plötsligt försvinner den dag!

När grymheten tar över bord.
Då försvinner kärleken på vår jord.
Då försvinner den sol som lyser här.
Och aldrig mera blir nån kär.

Hur det kunde vara

Du sitter ensam en kväll.
Plötsligt hörs det en smäll.
Du återvänder till en verklighet.
Full av mod och feghet.
Du sitter på vår jord.
Långt upp här i nord.

Du tänker.
Du ser en stjärna som blänker.
Åt vem då?
Svaret kan du ej få.
Du kan den ej med din hand nå.
Det är bara så.

Du tänker på hur det kunde vara.
Om djuren kunde sig försvara.
Mot krig och elände.
Någonstans vid jordens ände.
Alla skulle leva och ha det bra.
Förr i tiden och nu ida'.

Varför är det inte så?
Svaret kan du ej få.
Men ändå, varför?
Alla bara förstör.

Bara frågor du har.
Får de inga svar?
De som har funnits i alla dar.
Nej, det finns inga svar.
På alla frågor vi har.

Låt jorden bli en stjärna

Någon gång man tänker på livet,
på hur det ska gå.
Man undrar var finns den chans,
som alla skulle få.
Över hela världen hörs en enda sång.
Vi vill ha fred här på jorden.
Vi vill ha den som en gång.

Låt jorden bli en stjärna,
som tindrar ljus och klar.
Alla vill så gärna behålla den kvar.
Gör den till den den var.

Vem har rätt att döda?
Vem tar de fattigas föda?
Vem vågar säga till nån gång?
Jag hör kamraternas sång.

Nån gång man ställs inför kampen,
kampen mellan livets begär.
Var försvinner de nånstans,
varje gång man blir kär?

Jag önskar det fanns en lösning.
Den alla söker en tid.
Sen ger de upp en strid,
där alla människor dör.

Låt jorden bli en stjärna,
som tindrar ljus och klar.
Alla vill så gärna behålla den kvar.
Gör den till det den var.

Vem har rätt att döda?
Vem tar de fattigas föda?
Vem vågar säga till nån gång?
Jag hör kamraternas sång.

Det är en fågel i skyn

Det är en fågel i skyn.
Den undrar säkert varför.
De orättvisor som den kan se,
men ej förstå.
När han själv flyger i en himmel
som är så blå.
Ta upp de människor som vill strida
och låt de se hur andra får lida.
För att en del har fel.
Avgaser från bilar.
Det bara ilar
av folk som inte bryr sig om dom
som en gång ska andas storstadens krydda.
Då måste de sig skydda
från allt vad luft heter.
På grund av människans envisheter.
Att ha vad de tycker är bra.
Men inte tänka på sin morgonda'.
Tänk att en gång få rent här.
Någon gång när
alla människor vill enas.
Då ska allting renas.

Lilla fågel, sjung din sång för oss!
Så alla kan förstå
varför din himmel inte alltid är blå.

Att leva tillsammans

Vad roligt man kan ha tillsammans
om alla gungar med i denna dans.
Vad roligt man kan ha tillsammans
om alla får en liten, liten chans.

Vår värld blir ej bättre om vi inte gör nåt.
En gång lyser inte himlen i blått.
Tänk om alla raser vore vänner -
Du stannar och hälsar på nån du inte känner.

Vänner är vänner.
Även dom du inte känner.
Tänk om världen vore så!
Då lyste solen från en himmel blå.

Vad roligt man kan ha tillsammans
om alla gungar med i denna dans.
Vad roligt man kan ha tillsammans
om alla får en liten, liten chans.

Drömmens land

Jag drömmer ibland
om ett eget sagoland
där allting är som nytt
när morgonen har grytt.

Allting är nytt och skönt.
Allting är grönt.
Om man vill åka skidor nån gång
sjunger man bara en sång.

Vill du sedan i en sjö bada
åker vi dit bums.
Och sedan ska vi bara vara glada
efter ett par "plums".

Vilken härlig luft i detta land!
Oh, vilken härlig vit sand!
Plötsligt, med ett ryck
ingen sol, ingen morgon som grytt.

Ingen fågelsång.
Bara buller från betong.
Jag vaknar.
Med ens mitt drömland saknar.

Allting är grått
från var dag som gått.
Aldrig blir det som i min dröm
som var så ljuv och öm.

Sommartid

Sommar är en härlig tid.
Med blommor och grönan lid.
Ligga vid en strand.
Känna värmen från dess sand.

Nu är det sommar igen.
Och alla har en vän.
Nu är det sommar igen.

Då midsommar är här.
Man har varandra kär.
Man går en kväll hand i hand.
Månen lyser på en tom och enslig strand.

Nu är det sommar igen!

Låt ödet avgöra!

Någon gång här i livet
man tänker som så:
Allting är ej givet,
men det blir så ändå.

En gång här i livet
man tänker på dess gåta.
En gång i livet,
att glömma och förlåta.

En gång i livet
man undrar: Var blev mitt liv av?
Jag som skulle bemöta livets alla krav.

Livet är en gåta.
Varför är vi här?
Livet är en gåta.
Varför blir man kär?

Låt ödet avgöra.
Låt inte fantasin förstöra.
Det fina med livets kraft.
Låt dig ej förgiftas av dess saft.

Ibland när man är ledsen,
lite sur och tvär.
Låt ödet avgöra nästa gång du blir kär.
Att strida mot sina känslor är ej bra.
Det får du erfara en vacker da'.

Livet är en lång novell.
Skriv din egen en kväll.
Ta livet på allvar.
En dag är ingenting kvar.

Men le och skratta,
gör ditt bästa medan du kan.
Hur lång tid tog det ej
innan du det fann.

Sommarregn

Sommarregn är här igen
med både dimma och sol.
Sommarregn är här igen
likt det som var i fjol.

Plötsligt kommer hösten med ett bombnedslag.
Man går där och tänker,
man går där och hoppas
att vintern kommer en dag.

Då plötsligt snön faller ned.
Den kommer med kyla.
Den kommer med glädje.
Julklappar, en gammal sed.

Då tittar solen fram, äntligen!
Våren är här igen.
Din och min egen vän.
Sen sommar'n och kärleken.

Det blir bättre väder imorn

När du går hemma sur och arg.
När regnet öser ner.
Då kommer jag till dig.
Med en glad melodi:

Det blir bättre väder imorn.
Färgglada kläder lovar jag dig.
Det blir bättre väder imorn.
Och jag kommer med glädje till dig.

Under regniga dar.
Himlens sky som guld och silver klar
Från regniga land.
Till en varmare strand.

Det blir bättre väder imorn.
Färgglada kläder lovar jag dig.
Det blir bättre väder imorn.
Och jag kommer med glädje till dig.

Det blev sol till sist.
Med det, det är nåt visst.
En regnig dag,
så sur och så trist.

Det blir bättre väder imorn.
Färgglada kläder lovar jag dig.
Det blir bättre väder imorn.
Och jag kommer med glädje till dig.

Julaftonskväll

Julaftonskväll
Minsta barnet leker och är snäll.
Julaftonskväll-
Alla har öppnat sina paket
och ler.
Men ingen ser.

Några stenkast därifrån
hörs det buller och dån.
Människor dör.
Men ingen hör.

Ett ensamt barn -
i sin hand har han ett fat.
Han tigger och ber
om lite mat.

Han har svultit nog.
Medan en man
sitter och har det bra
på en krog.

Julaftonskväll
i en värld som är nöjd.
Julaftonskväll
i frid och fröjd.

Julaftonskväll -
inget att äta, ingen föda.
Julaftonskväll -
bara ser en massa döda.

Julaftonskväll
här på en planet.
En del får paket.
Andra får grymhet.

Julaftonskväll…

En gång till

En gång till, en gång till.
Naturen kan bli till vad vi vill.
En gång till, en gång till.
Om alla hjälper till.

En gång till, om vi vill.
Ännu en chans att få en skön sommardans.
Dansa för en ren natur.
Bli vän med både fiende och djur.

Till att börja med:
Skräpa inte ned!
Få gjort vad du vill ha.
Börja plocka skräp redan ida´!

Din värld

Det måste finnas en värld
bortom all stress och flärd.
Vägen dit, alla når dit.
Följ bara livets gång.

Världen är din, försök att förstå.
Målet där borta en dag du ska nå.
Du vill skynda på men ändå.
Försök att förstå.

En värld dit vi alla vill.
En värld du känner till.
En värld för dig och mig.
Vad kan du mer önska dig?

Världen är din.
Det är här du är född.
Världen är din.
Här gror din glöd.
Här väntar din död.

Vad strävar du efter?
Vad vill du nå?
Målet du har om du vill få
en annan värld att leva i.
Där du är fri.

Både du och jag
skall en dag träffas där.
Där, i en annan värld.
Där alla har varandra kär.

Men försök att förstå.
Då skall du målet nå.

Ensam kvar

Ensam står en soldat över jorden och ser.
Han är ensam, hans släkt finns inte mer.
Han är ensam och rädd, allting är så tyst.
Bara rök och damm av bombernas kraft.

Han lyfter sin hand mot ett främmande land
han ser bortom horisontens rand.
Tungt går han sin väg mot okända mål.
Vad som döljer sig bakom bergets kan vet han ej.
Bara fortsätter sin kamp.

Plötsligt ser han en äng.
Den liknar en säng med ett täcke av blommor.
Han blir trött, sjunker ner.
I tystnadens land han ser
jorden försvinna bort.
Ty livets kamp blev kort.

Men en gång, vet han nu.
Ska allting bli åter igen.
En gång som det var.
Om några trillioner dar.
Då återvänder han igen.
Ty jorden är hans hem.

Men en gång igen
ska jorden bli hans hem.
Hans hem i universum.
Han tar sig en rast
på Venus och Mars.
Men han vill hem till sitt land.
Ett land han kallar Tellus.
Det tredje bakom solens rand.

Jordens saga blev kort.
Den försvinner bort.
Långt bort i kosmos.
Skall där åter möta ödet en gång.
Som ger den en ny sång.
En sång för en tid.
Som åter slutar i strid.
I strid mellan gott och ont.

Livet går som en dans.
Ibland går den av.
Ibland går den för fort.
Men än en gång
hörs livets nya sång
som även den slutar en gång.

Plötsligt vaknar han igen.
Han stiger upp ur sin säng.
Han ser solen så klar.
Ännu finns den ju kvar!
Hans mod tänds på nytt
från stridens dagar som flytt.

År 3000

Det fanns en gång en planet.
Människorna kallade den jorden.
De byggde upp den här
för att sedan bryta och ta isär.
Det underverk som skapats fram
av lera, neon och makadam.
Nu, flera år efteråt
går varelser på solen och sjunger
på en och samma låt:

Nu månen försvunnit har
och av jorden finns ingenting kvar.
Solen består av liv.
Som jorden tar den kanske samma kliv.
Att byggas upp och sedan rivas ner.
Av samma varelser.
Hur länge ska det hålla på
att gå så?
Ett riktigt skådespeleri
som livet aldrig någonsin blir fri.

Livet, livet är nog så…

Stupid dog

I met one day, four days ago
I met a dog and he wanted me to know
All about his life here on earth
I thought, well, it is worth

He said he had gone many miles
And in every country he had been
he had seen:

People who are rich
and people who are living
for many years
without home and clothes

And how many tears
he had seen
he couldn't remember

'cause everywhere
he had been
People thought he would
take a little from all their food
So he run away
He heard the same words every dag:

Stupid dog
Run away from me!
Stupid dog
I don't want to see
Stupid dog
When you take my best thing
Stupid dog
Don't you understand anything?

When he had told me everything
I gave him my food
And when he had eaten it
He said it was good
Good enough for a king.
I think he felt rather tired
When he started to sing

Now, he has gone away from me
I feel so worried for him
He was my best friend
But, he thought I didn't want to see
A foolish little dog
If I didn't need

Now, he is in heaven above
I hope he will feel my love
for him, when he got to me one day
and even when he run away

Stupid dog
Get back to me!
Stupid dog
I want to see
Take my best thing
Stupid dog
I can understand everything

Dans la rue

Dans la rue
dans la fille
Elle n'a pas d'argent
Mais, elle aime la vie

Les vêtements ne sont pas si beaux
Il y a partout des trous
qui font blesser la peau
quand le froid est trop lourd

Mais la fille danse
Elle n'en sait rien
Pourquoi elle n'a pas de chance
Dans la vie elle est comme un chien

Danser, rire et pleurer
Ça n'a pas d´ importance
quand on a quelqu'un à aimer
si l'on n'a pas de chance

La vie continue
Mais si l'on ne veut pas
terminer la danse
comme la fille qui n'a pas de chance

Förlag: BoD – Books on Demand, Stockholm, Sverige
Tryck: BoD – Books on Demand, Norderstedt, Tyskland
ISBN: 978-91-7969-978-9